老いて朽ちず

知的で健康な
エイジレス生活のすすめ

大川隆法
Ryuho Okawa

まえがき

本書『老《お》いて朽《く》ちず』は、幕末の大学者、佐藤一斎《さとういっさい》の『言志四録《げんししろく》』中の言葉「少《しょう》にして学べば、則《すなわ》ち壮《そう》にして為《な》すことあり。壮にして学べば、則ち老《お》いて衰《おとろ》えず。老《お》いて学べば、則ち死《し》して朽《く》ちず。」という、学問の必要と効果について語った部分を参考にして創《つく》った言葉である（『言志晩録《げんしばんろく》』所収《しょしゅう》）。明治維新の志士《しし》たちも、ほとんど、この佐藤一斎の陽明学《ようめいがく》的学問の弟子筋にあたるといっても過言《かごん》ではない。

若い頃から、学問が人生ともなり、数多い人々への灯《ともしび》ともなることを目指していた私にとっても、一斎《いっさい》先生は、大きな目標の一つであった。

本書では、二十一世紀型知的生活と、健康法について日頃考えていることを語ってみた。漢文や古文ではなく、わかりやすい現代語なので、多くの人々の参考になることを願っている。

二〇一七年　九月五日

幸福《こうふく》の科学《かがく》グループ創始者兼総裁《そうししゃけんそうさい》　大川隆法《おおかわりゅうほう》

老いて朽ちず　目次

第2章　スマホを置いて、本を読もう（質疑応答）

二〇一七年六月二十一日
東京都・幸福の科学総合本部にて

第1章

老いて朽《く》ちず

二〇一七年六月二十一日　説法《せっぽう》

東京都・幸福の科学総合本部にて

1　何歳《さい》になっても肉体の鍛錬《たんれん》を続ける秘訣《ひけつ》

中年・熟年層向けの説法《せっぽう》だが、若い人にも「将来への備え」となる

本書では、中年・熟年の方を念頭に置いた話をするつもりですが、内容的には、それより若い世代の人にとっても、「やがて来ることへの備え」になるものなので、参考になるのではないかと思います。

なお、本書のような「老いて朽《く》ちず」といったテーマの説法《せっぽう》のときには、普《ふ》段《だん》は〝後ろ〟のほうにいる人たちも、「今日は前のほうの聴聞《ちょうもん》席に座《すわ》ってもよ

いのではないか」と、喜びを噛《か》みしめているかもしれません。

幸福の科学の教団では、私の年齢《ねんれい》プラスマイナス五歳《さい》の信者がいちばん厚い層であり、その上の層もだいぶいるのですが、中年・熟年などの高年齢層への説法がやや足りないかなとは思っています。ただ、それは意図的に行わないでいる面がなくもありません。こういう話をしていると、自分自身もだんだんその世界にどっぷり入っていきそうな感じもして、今のところあまり行《おこな》っていないわけです。

ただ、一部の信者からは、「総裁先生はいろいろな役職を兼任《けんにん》されていて、ニュースター・プロダクション（ＮＳＰ）やアリ・プロダクションの会長をされたりしているのに、まだ『百歳まで生きる会』の会長を引き受けてもらっていない」というような声も上がっているので、「うっ……、〝刺《さ》して〟きたな」

と感じるところもあるのですが、それについては、もう少し老いの自覚が来てからにさせてもらいたいと思います。「まだ、ふさわしくない」と思っているので、頑張《がんば》っているところです。

それはそれとして、今後、こういうテーマについても少しずつ話をしなければいけないかなとは考えています。

六十歳過ぎの定期健診《けんしん》でも常に「健康」と診断される私の実践《じっせん》

なお、私は基本的に病院はあまり好きではありませんが、年に一回の定期健《けん》診《しん》で調べられるぐらいのことはあって、体のあちこちの数値が出てきます。その〝通信簿《ぼ》〟を見ると、たくさんの項目《こうもく》があるなかには、標準から外れて〝赤字〟になっているものもたまにあるのですが、そういうものは三十項目に一つあるかどうかぐらいです。検査をしても、ほぼすべて〝安全圏内《けんない》〟に入っているので、よく調整できているようではあります。

また、肥満に関してはやや自覚症状《しょうじょう》があって、若干《じゃっかん》心配はしていたものの、医者からは「メタボではありません」と断言されたので、「ああ、違《ちが》うんだ。よかった」と思いました（笑）。ＣＴスキャンで体を輪切りにした画像を撮影《さつえい》しても、「これは中年期の普通の体であって、メタボではありません」と言われ、喜んだのです。

ただ、その一方で、（医者に）こんな相談もしてみました。

「先生、やはり六十代になると、秋の終わりというか、冬枯《が》れというか、多少はどことなく枯れてくる感じがありますよね。世間《せけん》では六十歳ぐらいで〝定年〟が多いですけれども、それは自然なことなのでしょうか。六十という年齢が来たあたりから、急に、女性を見ても何にも感じなくなってきたのです。これは、やはり、男性ホルモンが枯渇《こかつ》して出なくなっているか、もしくは、ものすごく減っているのではないでしょうか。それに比べて、暑い日には、散歩をしたあとなども含《ふく》めて一日三回ぐらいは頭を洗うのですが、それでも毛があまり抜《ぬ》けないので、あるいは、女性ホルモンのほうが充実《じゅうじつ》しているのではないでしょうか」

そのような感じで医者に相談して調べてもらった結果、「いや、男性ホルモンはまったく問題ないですね。まだ更年期《こうねんき》は来ていません」「それはおかしいので、仕事で疲《つか》れていらっしゃるのでしょう」と言われてしまいました。そう言われると、やや抵抗《ていこう》したくなる気もするのですが、更年期ではないのだそうです。

早い人であれば四十代から更年期になっているはずですが、私はまだ更年期ではありませんでした。当会の理事長とどのくらいの差があるのか、一度比較《ひかく》してみたいぐらいですが（笑）。

いずれにせよ、こまめに体を鍛《きた》えて、戦える力を維持《いじ》するということは、けっこう大事なことではないかと思います。私は、倒《たお》れるほどまで過度にきついことはしませんが、「毎日こまめに何かをする」ということを継続《けいぞく》する傾向《けいこう》があるので、そういうものが少しずつ効いてはいるのでしょう。

特に、十三年ほど前に大きめの病気になったことがあり、そのあとの体調コントロールは非常に厳密に行っています。私の若い子供たちからも、「一日に三回も四回も体重を量って記録するなんて目茶苦茶《めちゃくちゃ》だ。そんなにやったら、ご飯《はん》を食べられなくなるじゃないか」と言われますが、まあ、そうかもしれません。

何歳になっても、肉体の鍛錬を続ければ効果が出る

あとは、五十年ぶりに、「上半身を鍛える」という〝改造〟にかかっています。

私は小学校高学年のころ、食べすぎで太り始めました。当時は、ご飯を五杯《はい》も六杯も食べていて、母の料理に油ものが多かったこともあってか、ブクブクと太っていったのです。食事の残りものを片付けているうちにだんだん巨大化《きょだい》し、〝関取《せきとり》への道〟という感じになりつつあったわけです。

上半身については、そのころから気にはしていたのですが、放置していました。やはり、筋肉痛になると痛いし、あまり鍛えたいというほどではなかったので放っていたのです。

もちろん、歩いて脚《あし》を鍛えたり、テニスボールを打って腕《うで》を鍛えたりするようなことはしていたものの、上半身を鍛え直すというほどのことは特にしていなかったので、少しやる必要があるかなと思って、始めました。

その後、函館《はこだて》での講演（二〇一五年六月二十日「道を拓《ひら》く力」。『宗教としての包容力』〔宗教法人幸福の科学刊〕参照）の際に、「毎日、腹筋運動を五分間で三百回ぐらいしている」と述べたら、ある人から、「先生、腹筋を五分間で三百回というのは、一秒に一回ということですよ」と言われました。

また、学生がそれをまともに取り組んでもできなかったそうで、「腹筋を五分間に三百回もできない。先生はすごい。腹筋でも主《しゅ》に負けるのか」というようなことも言っていたらしいのです（笑）。ただ、あまり真面目《まじめ》にやりすぎているのではないでしょうか。こちらは〝老人腹筋〟で適当に軽くやっているものなので、同じではないでしょう。

それはともかくとして、腹筋運動を始めてから三年は続けていて、今では一日に千回ぐらいできるようになりました。

また、シャドーボクシングのようなこともしていますが、二千回、三千回と連続してパンチをするのです。これを継続してやっているうちに、あるときから子供用のサンドバッグを置いてもらえました。本物のサンドバッグを用意すると、力いっぱいトレーニングをされるのでいけないと思われたのかもしれませんが、子供用のものが用意されたわけです。それを使って取り組んでいるうちに、だんだん上半身のほうにも筋肉がだいぶついてきました。
やはり、何歳になっても、鍛えれば効果は出るようです。

秘訣は、「一度にやりすぎず」「コツコツと」
「少しずつ数字を伸《の》ばしていく」こと

私は「メタボではない」という判定ではあったのですが、今、胸囲は九十八センチあり、腕も入れたら百三十センチ近いので、けっこうあるのです。また、下半身についても、そうとう歩き込《こ》んでいるので、脚は強いほうでしょう。さらに、腹筋も千回はできます。

あとは、「スクワットが五百回ぐらいできれば、プロレスラーもいいかな」と思ったりもするのですが（笑）、それはなかなかできそうにありません。ス

エイジレス生活の秘訣

何歳《さい》になっても、肉体の鍛《たん》錬《れん》を続ければ効果が出る。

クワットをやりすぎると脚が痛くて歩けなくなるので、意外に難しいなと思い、様子を見ているところではあります。

とにかく、「体を鍛えたら、鍛えた部位は強くなる」というのは本当のことです。にわかにやりすぎると、体が痛んだりしてかえって逆戻《もど》りすることもあるのですが、コツコツと少しずつ数字を伸《の》ばしていくようなかたちでやっていけば、鍛えられていきます。

例えば、パンチをするのでも、最初は三百回ぐらいで筋肉痛を起こすので、あまり回数を多くはしなかったのですが、千回でも二千回でも三千回でも、だんだん平気になってきつつあるので、もう少しで本当に〝競技〟としてやりたくなってくる寸前なくらいです。

そこまでは行かないにせよ、「護身用」としても多少は必要かもしれません。

外を散歩するときなどには、いろいろと変な人が近づいてくる場合もあるので、そういうときに、こちらを甘《あま》く見てかかっているようであれば〝返り討《う》ち〟にしてやろうというぐらいの思いはあります。

「このおっさん、ヒョコヒョコ散歩しているな。取っ捕《つか》まえてやろう」という感じで襲《おそ》ってこられたとしても、相手のみぞおちにパシッと一発打ってノックアウトすれば、なかなかカッコイイでしょう。それで、「大川氏、逆襲《ぎゃくしゅう》」という感じになったら、ちょっと面白《おもしろ》いかなと思っています。そのようなことも少しは念頭に置きつつやっているわけです。

また、梅雨時《つゆどき》であれば傘《かさ》を持ち歩くことも多くなりますが、昔取った杵柄《きねづか》で、護身用としてもこれを十分に使えると思います。私は高校と大学時代に剣道部《けんどうぶ》だったので、傘を一本持っていれば、ナイフを持っている相手が襲ってきたとしても、そのくらいは一撃《いちげき》で簡単に叩《たた》き落とせる自信があります。相手も、まさか、そんな動きが来るとは思っていないところで、いきなりパシッと「小《こ》手《て》」を決めたら、ナイフを落とすはずです。零《れい》コンマ数秒ぐらいの速さでやられたら、一撃でしょう。

2　「小さな習慣」を継続《けいぞく》させることで「精神力」をも鍛《きた》えていく工夫《くふう》

弱ってきても勇気を奮い起こして体をつくり直そう

年を取ると、体にある程度の自信がないと、外出しにくくなりますし、外に出るのがだんだん億劫《おっくう》になるものです。外出すると、怪我《けが》をするかもしれないし、いろいろと不安なことはあるのではないでしょうか。

現実に、外出時には、自分の歩いているところを車がスレスレで通り過ぎていくような危険なこともよくありますし、子供が道路いっぱいにバーッと広がってきたり、主婦などが歩道も車道も関係なく自転車で走ってきたりすることもあります。そのように、いろいろな車が突然《とつぜん》近寄ってくることがあるので、かなり危ないなと思います。

そういう意味で、目の悪い人や耳の悪い人、あるいは反射神経が悪い人などは、けっこう怖《こわ》いのではないでしょうか。それから、病《や》み上がりで病院から出てきたばかりの人やリハビリをしている最中の人なども、やはり、都会の道路はそうとう怖いだろうと思うのです。

ただ、そうした怖いなかであっても、努力して慣らしていかなければならない面はあるでしょう。やはり、あまり自分をかわいがって弱らせていくと、本当に反応しなくなって、もう何も動かなくなってくるわけです。「自分の動ける範囲《はんい》は、畳《たたみ》の上、車椅子《くるまいす》の上」という感じで、だんだん動かなくなるので、ときどき、何か危険なことがあったり怪我をしたりすることはあるかもしれないとしても、もう一回、勇気を奮い起こして、体をつくり直すことが大事です。先ごろ（二〇一七年四月十七日）亡《な》くなられた渡部昇一《わたなべしょういち》先生は、「九十五歳《さい》まで生きる」ということで頑張《がんば》っていらっしゃったので、私も本当に見習おうと思ってずっと見ていたのですが、近年は、「週に一回歩くのもちょっときつい」などと言われるようになり、「脚《あし》が弱ってきたのかな」と感じてはいました。

あるとき、書斎《しょさい》で勉強をしていて、ベッドのほうに移動しようとしたところで転んでしまい、腕《うで》を傷《いた》めたようです。そのため、腕を吊《つ》った状態で、天皇の公務に関する有識者会議等に出ていました。

上半身の神経から足の先のほうの神経まで痛みが走るため、かなりの激痛で、「モルヒネで痛みを弱めましょうか」と勧《すす》められていたそうです。しかし、「モルヒネを打つと頭が朦朧《もうろう》として役に立たない。頭が使えないぐらいだったら、激痛のほうがいい」と言って断《ことわ》っていたようなのです。そのように男らしい方ではありますが、体には激痛が走ったとしても、頭が動いているほうがいいということで、モルヒネを断って最期《さいご》まで仕事をされていました。

ただ、年を取ると、家のなかの座《すわ》り机からベッドに移動する間だけでも、転《てん》倒《とう》して怪我をすることもあるというのは、いかんともしがたいところではあります。だんだん移動するのも難しくなるのですが、その前には、やはり、「歩く力」のほうから落ちていくわけです。渡部昇一先生も「週に一回歩くのも大変だ」とおっしゃっていたので、そうした面はあるのでしょう。

年を取ってから、「昼間に散歩ができる態勢」を十分につくれるか

もちろん、渡部昇一先生の場合は、顔が売れていたので、日中はなかなか歩けないところもあったのかもしれません。

そこで、「週に一回、夜に自宅からタクシーに乗って吉祥寺《きちじょうじ》まで行き、喫茶《きっさ》店でコーヒーを飲みながら本を読んだあと、数キロの道を歩いて帰る」というような運動をしていたようです。ただ、八十代にもなった人が夜の十二時近くに一人で歩いて帰るのは、けっこう危険なことではあります。やはり、何かあったら困るでしょう。それでも一人で歩かれていたのは、たまたまお付き合いしてくれる人もいなかったのだろうと思います。

いずれにせよ、年配の方にとって、夜中に散歩をするのは危険な面もあるわけです。事故に遭《あ》った場合には、どうしようもないときもあるでしょう。

そういうこともあり、散歩への態勢が十分ではなかったのかもしれません。日中にできるようなかたちがつくれなかったこともあるでしょうし、奥様《おくさま》も八十代になられていて、一緒《いっしょ》に歩いてくれる人がほかに手に入らなかったのかもしれません。また、秘書といっても、蔵書をチェックしてくれる人がいるぐらいだったようです。

やはり、大学を離《はな》れてからあとは、若い人もそれほど訪ねてこなくなったようではあるので、そのあたりは「老後の備え」として十分ではない面もあったのではないかと思います。

ちなみに、私の父については、仕事を引退したあとにもお世話をしてくれる人をつけていました。それで、毎日、公園まで散歩をしていたこともあってか、体だけは強く、お世話係の人も「大変です」と言っていました。最期《さいご》の何カ月かに多少のボケが現れたときには、夜に外を徘徊《はいかい》しようとするので、「玄関《げんかん》を開けて家の外に出ようとするのを止めるのが大変だった」と聞きました。

小さな習慣を中断しないようにするための「精神力」と「こまめな〝餌《えさ》〟」

完全に唯物論的《ゆいぶつろん》になってもいけないのですが、肉体面については、こまめに手入れをしていないと駄目《だめ》になるものも多いですし、手入れをしている部分は強くなっていくところがあります。

そして、その肉体の部分を維持《いじ》するには、一定の「精神力」が要《い》ります。ここのところが難しく、何かしら運動を続けられなくなるような条件が出てきて、「今日はやめようか」と思うこともたくさんあるわけです。

例えば、台風が来るとか、雷《かみなり》が落ちるとか、大風《おおかぜ》が吹《ふ》くとか、雪が降るとか、やめる理由はたくさんあります。

もちろん、無理なときには運動などはするべきではないでしょう。やはり、危険ですし、周りの人に迷惑《めいわく》をかけることもあるので、そういうときは控《ひか》えてもよいとは思います。

ただ、何かのときに習慣的な行為《こうい》を中断すると、もう一回元に戻《もど》すというのは億劫《おっくう》になりますし、面倒《めんどう》くさいところがあるので、何となくズルズルと行《い》っているうちに、しなくなってしまうことがあるのです。そういうことには気をつけなければなりません。

以前、石原慎太郎《いしはらしんたろう》さんが、「年を取ると、上《のぼ》りよりも下《くだ》りのほうが危ないんだ。自分も下りのほうが危なくて、下るときに膝《ひざ》がガクッとくる」というようなことを述べていたので、やはり、まめに、丹念《たんねん》にやり続けることは、けっこう大事なのではないかと思います。

四国にいる私の母についても、日ごろの運動量を秘書が記録しているらしく、「今までの歩行距離《きょり》が世界一周分のところまで来ている」とか言って、子供騙《だま》しのようなことではありますが、それで続けているようです。

しかし、実は、息子《むすこ》である私のほうも同じような目に遭《あ》っていて、一日に一万歩以上歩いた場合には、記録表に星印《ほしじるし》が押《お》してあったり、週平均で一日に六千歩以上歩いた場合には、「アベンジャーズ」（アメリカン・コミックスに登場する人気ヒーローたちのチーム）のシールが貼《は》ってあったりと、秘書にいろいろと〝小技《こわざ》〟を使われています。それでも、やはり、シールをもらったりすると、年甲斐《としがい》もなくうれしいので、「今日はすでに体が痛いけど、あと何歩歩かないとシールが消えるな」とか、「連続して貼られていたシールが途切《とぎ》れると寂《さみ》しい感じがするから、挽回《ばんかい》しなければいけない」などと思うと、もう少し頑張ってしまうところがあるのです。

もちろん、仕事の状況《じょうきょう》によっては毎日一万歩というわけにはいかないものの、こまめな〝餌《えさ》〟で釣《つ》ってくださるおかげで、八千歩台をキープできるぐらいは歩いているところです。

そのおかげもあって、体重を落とした面もあるし、さらには、体を鍛《きた》え続けていることによって、「仕事量」の変化を客観的に測ってみると、明らかに違《ちが》いが出てきました。

私の個人書庫には、東京都の区立図書館ぐらいの蔵書の一部に、自分が過去に行《おこな》った講演や説法《せっぽう》をまとめた本が、初期のころのものからずっと置いてあるのですが、あとになるほど、〝一年間に働いた量〟が増えてきているのです。最初のころは少しずつしかなかったのに、だんだん量が増え、説法一本当たりの時間も長くなってきていて、一回の収録で本一冊がつくれるぐらいまで話せるようになりました。その本数は、年間で百数十本から二百本程度は行っています。

客観的に見ると、これは、若いころよりも体力が数倍は上がっていないと、できないことでしょう。

ですから、「小さな習慣」によって自分を少しでもベターな方向に変えていこうとする努力を継続《けいぞく》することは、意外に大事なことなのだと思います。それは、肉体的に調子がよいかどうかだけではなく、「精神力」「意志力」を鍛えることにもなりますし、そうした「精神力」「意志力」を鍛えることによって、何か知的な仕事、ないしは自分自身の向上にも、それを振《ふ》り替《か》えることができるということです。

「肉体のコントロール」のところをまめにするだけの気力や根気がない人は、おそらく、勉強においても同じように根気がないだろうと思われるので、そのあたりは大事なところだと言えるでしょう。

エイジレス生活の秘訣

「小さな習慣」によって
自分を少しでもベターな方向に
変えていこうとする努力を継続《けいぞく》しよう。

3　エイジレスに若い人から学び、自分を変化させる実践《じっせん》法

定年退官後も活躍《かつやく》できる学者とできない学者の違《ちが》いはここ

以前、渡部昇一《わたなべしょういち》先生は、「大学に勤めている学者を見ていると、二種類に分かれる」というようなことを述べておられました。

具体的には、まず一種類は、教授ぐらいになると、自分の恩師筋《すじ》や先輩《せんぱい》に当たるような人の本は引用しても、自分より年下の人の本は引用したくないという人です。意地のようなものがあり、「若い人の本などは引用したくない。権《けん》

威《い》がないし、どうせ大して勉強もできていないだろうから」というタイプの人がいます。

もう一種類は、自分よりも若い人の本であっても、勉強して引用したりするタイプの人です。

この二種類に分かれてくるということでした。そして、「若い人の新しい考え方や動きといったものに関心がない人の場合、学者としての寿命《じゅみょう》が尽《つ》きるのが早い」というようなことを述べておられたと思います。

やはり、そういう人はたいてい、定年退官したあとに学問的業績がまったく出てこなくなるのです。自分より上の立場にいる人のものしか読まないというのですから、当然、〝新しいもの〟を出せなくなってくるでしょう。そのため、定年退官ないしは名誉《めいよ》教授になったあたりで、知的生産がなくなり、ほとんど年金生活になっていくわけです。

ただ、一部には、大学の定年退官後も本を書き続けて、二十年、三十年たってもまだ書いているような人もいます。

こういう人は、何らかの体を鍛《きた》えることを小刻《こきざ》みに行《おこな》っていると同時に、「知的な学習の継続《けいぞく》の仕方」や、「知的生産につながる仕事の仕方」を、必ず身につけているのです。

それが身につかなかった人は、〝強制労働〟的に大学での授業があったり、あるいは、大学出版会から、「この授業の内容を本にしてください。教科書にしてください」というようなことを何年も言われ続けて圧力をかけられたりしないと書けません。

そのような人と、そうしたものがなくても書ける人との差は、はっきりと出てくるわけです。

実践《じっせん》①　まず、「興味・関心の範囲《はんい》」を、若い人のところまで広げる

したがって、若いころからの志《こころざし》、それから中年期以降の志の引き締《し》め直し、ないしは、「自分がいつ、この仕事から卒業してしまうのか」といったことをどう考えるかという問題はあるでしょう。

私自身は、雷《かみなり》に頭を打たれてやられてしまうようなことがあった場合はともかく、八十歳《さい》になっても、別段、頭は衰《おとろ》えていないだろうなと思います。

それは、そうした知的鍛錬《たんれん》を続けていくと同時に、興味・関心の範囲《はんい》を、ど

んどん若い人のほうまで伸《の》ばしていっているからです。読んでいるもののもそうですが、今は、芸能プロダクションなどを手がけている関係で、芸能系の勉強もそうとうしていますし、その一環《いっかん》として、十代、二十代の人たちの演技や、その年代向けの作品等も常に観《み》ているので、気持ちがだいぶ若くなっているようです。

先日などは、ある映画を観ているときに、思わず、「いいなあ。自分も二十歳《はたち》に還《かえ》りたい！」という声が口をついて出てしまいました。それで、映画の企画《きかく》として、「『二十歳に還りたい！』というようなテーマのものはつくれないかな」と思い、メモに書いて貼《は》っておいたところ、二十代の秘書たちが、「先生、二十歳ですか」などと驚《おどろ》いていました（映画「二十歳に還りたい。」〔製作総指揮・原作　大川隆法、二〇二三年公開〕）。

ついつい共感してしまうというか、「このあたりの年齢《ねんれい》をもう一回やり直すとしたら、こんなふうに生きてみたい」というような映画をつくれないかと想像していると、気が若くなってくるところはあります。しかし、そういうものに関心がないと、どんどん〝遠く〟へ行ってしまうので、「常に新しいものの刺激《しげき》を求めること」が大事だと思うのです。

かといって、若い人をそのままマネればよいかといえば、そういうことではありません。

やはり、年齢相応《そうおう》、時代相応の生き方というものがありますし、同じような生き方はできないところもどうしてもあると思うので、まったく同じことをする必要はないのです。

自分にとっての好き嫌《きら》いもあれば、得意・不得意もありますし、嫌《いや》なことを続けたりはできないでしょう。ですから、好きなもののなかで、自分の頭をリフレッシュしたり、あるいは、自分の創造性をかき立てるようなものに関心を持ったりすることでも、ずいぶん違《ちが》うのではないかという気がします。

幸福の科学の信者のなかにも、六十代以上の年代の人はだいぶいると思いますが、最近では、若い歌手やタレント、俳優・女優等の芸能ものの守護霊霊言《しゅごれいれいげん》が出ても、「この人は誰《だれ》？」と思うことも、けっこうあるのではないでしょうか。

ただ、そういうものが分からなくなっているということは、「それだけ年を取っている」ということでしょう。また、「年を取らないようにする努力をしていない」ということかもしれないので、やはり、少しずついろいろなものに関心を持とうと努力していくことは大事ではないでしょうか。

実践② “丸ごと”受け入れるのではなく、「比較《ひかく》する目」を持つ

ただ、関心を持つとは言っても、必ずしも“丸ごと”受け入れることが大事だと言っているわけではありません。やはり、批判的に見たり比較《ひかく》して見たりするなど、いろいろな角度から見ることは大事でしょう。

例えば、若い女優が出ているドラマや映画などを比較しながら観ていると、オリンピックの採点官ではありませんが、「技術にはどの程度違いがあるか」といったことを研究する視点が出てくるわけです。

映画製作などをしていると、次第《しだい》にそういう目で見えるようになってきて、「この人はここがうまいな。ここは下手《へた》だな」とか、「ここは、この人とだいぶ

差があるな」などということがはっきりと分かってきます。つまり、「若いか、そうでないか」だけではなく、もう少し、それぞれの可能性や技量の差といった、いろいろなものが見えてくるのです。

そのように、最初は趣味《しゅみ》で行っていたようなものでも、そのうちに、「プロダクションの会長として当然のことをしているだけではないか」という感じになってくるわけです。

そのためか、私が散歩の途中《とちゅう》でお店に入ると、職業不詳《ふしょう》の感じに見えるようで、「何をしている人なんだろう」というように言われることもよくあります。

私はいろいろなものに関心があるので、そう見えるのかもしれません。

実践③ 関心だけでなく、「若い人から学ぼう」という気持ちも持つ

それから、若い人に関心を持つだけではなく、「若い人からも学ぼう」という気持ちを持つことも大事なのではないかと思います。

若いうちは、流れる液体のようなもので、蒸発して気体になったり、あるいは、固まって固体になったりと、いろいろ変わっていくのだと思いますが、年を取ると、どうしても固まってしまいがちで、なかなか変化しなくなるのです。もはや変化しなくなる人が多いので、やはり、ここは気をつけなければいけないところではないでしょうか。

「自分より年下の人の意見など、何一つ聞くべきものがない」と思っている

郵便はがき

料金受取人払郵便

赤坂局承認

7320

差出有効期間
2025年10月
31日まで
(切手不要)

1 0 7-8 7 9 0

112

東京都港区赤坂2丁目10−8
幸福の科学出版(株)
読者アンケート係 行

ご購読ありがとうございました。
お手数ですが、今回ご購読いただいた書籍名をご記入ください。

書籍名

フリガナ お名前	男・女	歳
ご住所 〒 都道府県		
お電話( ) —		
e-mail アドレス		
新刊案内等をお送りしてもよろしいですか? [はい(DM・メール)・いいえ]		
ご職業 ①会社員 ②経営者・役員 ③自営業 ④公務員 ⑤教員・研究者 ⑥主婦 ⑦学生 ⑧パート・アルバイト ⑨定年退職 ⑩他( )		

プレゼント＆読者アンケート

皆様のご感想をお待ちしております。本ハガキ、もしくは、右記の二次元コードよりお答えいただいた方に、抽選で幸福の科学出版の書籍・雑誌をプレゼント致します。

（発表は発送をもってかえさせていただきます。）

1 本書をどのようにお知りになりましたか？

2 本書をお読みになったご感想を、ご自由にお書きください。

3 今後読みたいテーマなどがありましたら、お書きください。

ご感想を匿名にて広告等に掲載させていただくことがございます。

ご記入いただきました個人情報については、同意なく他の目的で使用することはございません。


ご協力ありがとうございました！

ような人は、すでに頭がかなり〝固く〟なりつつあって、早い人であれば、三十、四十代でもそうなりますが、それは「老化が進んでいる」と思ったほうがよいでしょう。

実践④　さらに、「違《ちが》いを見抜《みぬ》く力」を身につける

若い人の意見すべてを受け入れることはできないにしても、「いいことも言う」とか、「参考になることもある」とかいうところもあるはずです。あるいは、若い人が言ったことのなかに、知らない本や作者の名前等が出てきたときには、どんなものなのかと関心を持ち、「チャンスがあれば調べてみよう」と思うか、思わないかです。

エイジレス生活の秘訣

「若い人に関心を持ち、若い人から学ぼう」という気持ちを持とう。

さらに、「そういう発言をした若い人の勉強が、ほかの人とはどれほど違《ちが》うのか」といったあたりのところまで分かることも大事でしょう。

音楽にしても、若い人の音楽を聴《き》いていればそれでよいかというと、そんなことはなく、やはり、それぞれの歌のレベルを見抜《みぬ》く必要もあります。

今は、実にさまざまな人がデビューすることのできる時代なので、素人《しろうと》のような人でもどんどん出てきていますが、実際にうまいか、うまくないかといったところをよく見抜かなければなりません。歌声等も、機械で補整したりすることがそうとうできるようになっていて、本当にうまいのかどうかはなかなか分かりにくいので、そこまで慎重《しんちょう》に見抜き、「真の実力はどのあたりにあるか」といったことを考えなければいけないのです。

それから、映画のようなものでも、種類によってずいぶん違いがあります。

例えば、エンターテインメントものとして大量に動員ができ、興行《こうぎょう》収益が大きければ、それでよいというものもあるでしょう。また、それほど大勢の人は観に来ないだろうけれども、世の人々に知っておいてもらいたいものとしてつくる必要があるから映画として製作し、賞をもらうというようなものもあります。その「好みの違い」のようなものを味わい分けるというか、よく知ることも非常に大事なことではないでしょうか。

「これは、興行的にはヒットしないだろうな。でも、おそらく、フランスあたりに持っていけば賞が出るだろうな」といった、好みの違いが分かってくることは大事なのではないかと思っています。

4　老いても朽《く》ちないための「四つの秘訣《ひけつ》」

秘訣①「古典」を読み、かつ「新しいトレンド」を追う

「老いて朽《く》ちず」というテーマについて大まかに言うとすれば、若いうちはみな、ある程度一生懸命《いっしょうけんめい》にやっているのかもしれないけれども、中高年からあとは、意図して努力しないかぎりはどうにもならなくなり、朽ちていく可能性が高いということです。

では、老いても朽ちずにいるためには、どうすればよいでしょうか。

単純に言うとしたら、「自分はいつ死ぬか分からないから、何をしても無駄《むだ》だ」と思うのではなく、「永遠の魂《たましい》がある」という観点から見たならば、肉体を去った後《のち》もまだ命はあるし、考える力もあるわけです。来世《らいせ》での活動や、さらには生まれ変わってからの活動もあるならば、〝次の人生の糧《かて》〟になるものを手にしておくのは非常に大事なことでしょう。

例えば、「古典」といわれるもののなかで、「この本を読んでいないとか、この映画を観《み》ていないとかいうのは、もったいなかったかな。チャンスを逃《のが》したかな」と思うようなものがあれば、そういうものを読んだり、観たりする時間をつくり出していく努力も必要だと思います。

ただ、その一方で、新しいものの傾向《けいこう》をじっと見て、その流れがどちらへ向かっているのかをつかんでいこうとすることも大切です。それを感知するセンサーの部分を持っていないと、あっという間に、頭の中身が古くなってしまいます。

したがって、古典のなかに普遍的《ふへん》なるものを求めつつも、「日進月歩《にっしんげっぽ》の世界のなかで、何が今、新しいトレンドになろうとしているのか」をじっと見る目を養ってください。この二つの視点を持って、自分の中年期以降を用心深く設計していくと、おそらく、現役で働き続ける年数が長くなると思います。

しかし、こうした努力を怠《おこた》った人は、世間《せけん》で定年とされる年齢《ねんれい》になると、もはや〝生産性がない世界〟に入るでしょう。創造物を生み出せず、アイデアも出てこなくなるわけです。

エイジレス生活の秘訣

古典のなかに普遍《ふへん》的なるものを求めつつも、
「日進月歩《にっしんげっぽ》の世界のなかで、何が今、
新しいトレンドになろうとしているのか」を
じっと見る目を養おう。

秘訣②威張《いば》らず、さまざまなことに興味・関心を持つ

ときには、若い人に〝刺激《しげき》のあること〟を自分から言ってみてください。そうすれば、向こうも刺激のあることを返してくるでしょう。こういうことが大事であり、〝自分と違《ちが》う種類の人たち〟と話をして異質な刺激を得られるのは、とてもありがたいことなのです。

ただし、若い人は通常、年上の人には遠慮《えんりょ》して、すべてを見せないようにガードするでしょう。「ご説教、ごもっとも」という感じで聞いてはくれるのですが、自分のほうから何かを提供することはありません。それは失礼に当たるかもしれないし、言わないほうが無難《ぶなん》であることもあって、プロテクト（防

御）して言わない場合が多いのです。

そのため、若い人と会っていても、〝年寄りの自慢話《じまんばなし》〟を聞かせているだけで、「自分の憂《う》さは晴らせても、何も学んではいない」ということは、いくらでもあるでしょう。もはや（仏教で言う）「有《う》の状態」、「変化しない状態」になっているわけです。

しかし、若い人が本心を見せてくれないせいで、「今の自分は、どういうところが時代遅《おく》れなのか」を感じる瞬間《しゅんかん》が持てないのは、とても残念なことだろうと思います。

そういう意味では、年齢は、ある程度超越《ちょうえつ》しなければいけません。年を取った人で、「威張《いば》ったように見せないかぎり自分の人格が安定しない」とか、「アイデンティティーが維持《いじ》できない」とかいうタイプの人、あるいは、「ポスト

●有　仏教用語。ここでは、年齢が重なることで、「自分の考え方や行動の仕方がだんだん変えられなくなり、魂の傾向性が固まってしまうこと」を指す。『悟りの挑戦（上巻）』（幸福の科学出版刊）等参照。

（地位）＝自分」と思っているような人は、基本的に、〝早く終わる〟と思ってよいでしょう。

逆に、ポストや年齢、経験、性別に関係なく、いろいろな話に興味を持って、「調べてみよう」、「体験してみよう」と思うような人は、年齢不相応に若くいられます。情熱も湧《わ》いてくれば、創造性の高い仕事を続けることも可能なのです。

秘訣③「生涯《しょうがい》勉強計画」を立て、「知的生産」につなげる

また、緩《ゆる》やかなもので構わないので、生涯《しょうがい》を通じて勉強していく計画を持っていたほうがよいでしょう。「このくらいのときには、こういうことを勉強し

ておきたい」といった感じの目標があるのも、悪くないかもしれません。そうしたことを非常に強く感じます。

さらには、肉体が衰《おとろ》えないように常に気をつけつつ、そのなかで、「意志の力」、「継続《けいぞく》の力」を身につけていくことも大切です。そして、知的な刺激を受け続け、発掘《はっくつ》し続けることが必要で、できればそれが知的生産につながるとよいでしょう。これには、「本を書くこと」だけでなく、「人前で話すこと」や「企画《きかく》すること」も含《ふく》まれます。

また、「判断」にも創造性はあるのです。頭が〝古く〟なっていると、古いままで判断してしまうので、〝新しい感覚〟で判断するためには、常に〝新しい刺激〟のなかに身を置かなければいけません。そうしないと、違いが分からないところがあるのです。

エイジレス生活の秘訣

緩《ゆる》やかなもので構わないので、生涯《しょうがい》を通じて勉強していく計画を持とう。

秘訣④「ハンディ付きで自分を見て、ほめてあげること」も必要

もちろん、年を取れば、物事を忘れやすくなったり、覚えられなくなったりすることもあるでしょう。それに対しては、厭《いと》わずに繰《く》り返すしかありません。繰り返し読む、繰り返し見る、繰り返し何かをやることで、少しずつ少しずつ身についていきます。ただ、この「一定の時間」や「手間がかかること」に耐《た》える力を持たなければいけません。

やはり、若い人と同じことをやれば、なかなか勝てるものではないでしょう。例えば、当会は職員に対して厳しいところがあって、いい年になっても、二十代の職員と一緒《いっしょ》に試験を受けさせられたりしている人がたくさんいます。きつ

いでしょうし、本当に同情しますが、「五十を過ぎ、六十を過ぎて、二十代と一緒にＴＯＥＩＣ《トーイック》を受ける」などというのは、たまったものではありません。二十代ぐらいの人だと、二時間ほど座《すわ》ったままで試験問題を解いても、どうということはないでしょうが、五十代、六十代の人だと、おそらく、富士山《ふじさん》に登るような気持ちでやっているだろうと思います。しかも、結果があまり芳《かんば》しくないことが多いわけです。

ただ、そうであっても、「よくやった！」と、少しは自分で自分をほめてあげないといけません。「『〇十歳《さい》にしてエベレスト登頂』、『富士山登頂』と同じようなもので、年齢のハンディを超《こ》えてやったんだ。これだけ頑張《がんば》ったら大したものだ」というように、ハンディ付きで自分を見てあげることも大事なのではないかという気がします。

やはり、「若い人は畏《おそ》るべし」であって、見ていると、二十歳《はたち》前後から三十歳ぐらいまでは〝頭がいい〟のです。ところが、三十歳を過ぎると、少しずつ落ちてきます。要するに、〝遊び〟をやっているうちに、だんだん〝ボケ〟が入ってきて、少しずつ知力が落ちてくるのが、見ていて分かるのです。

また、知力が落ちないように、自分を鍛《きた》えて底上げしていくのはとても大変なので、だんだん、若い人と競争したくなくなってきます。

確かに、短い時間で大量の処理をするのは、厳しいでしょう。そういう衰えはあるかもしれません。しかし、慣れによって、ある程度、それを縮めることは可能だと思います。

ちなみに、私は、若いころでも、「ＴＯＥＩＣのようなものを解いたら、時間が足りなくて、なかなか最後まで行かない」という経験がありました。とこ

エイジレス生活の秘訣

年齢《ねんれい》のハンディ付きで自分を見て、ほめてあげよう。

ろが、今の若い人たちに聞くと、「TOEICで、二時間のうち五分、時間が余った」などと言っているので、「おお！　速いなあ。どうしてそんなに速くできるのだろう」と思います。

そこで、若い人たちに、「私は、二十代でも、なかなか最後まで行き着かないことが多かったし、国際本部で重きを置いている人でも、最後のほうは、時間がないから、（解答用紙の）残りの全部を『B』で塗《ぬ》り潰《つぶ》すそうだよ」と言ってみたところ、「ええ？　そうなんですか。そんなものなんですか」と驚《おどろ》く人がたくさんいました。

さらに私は、「いや、そんなものなんだよ。二時間で二百問の試験が、そんなに簡単に解けるわけがないでしょう（笑）。例えば、あの人でも、『B』に付けておけば当たる率が高いので、白紙はもったいないから、最後に『B、B、

B』と塗っているらしいよ。それでも、国際本部の要職に就《つ》いてやっているよ」と言ったのですが、「あの方でもそうなんですか！　それは知らなかった」などと驚《おどろ》いていたのです。

そのように、「時間が余るところまで行く」というのは、そんなに簡単なことではありません。

5　頭や目や耳が悪くなる「意外な原因」と対応法

視力を回復させる強い意志とリハビリ

なお、幸いにして、私はまだ目が悪くならないので、これだけは本当に感謝しています。

ただ、一度、老眼になりかけたことがありました。私は四十七歳《さい》ぐらいで大きな病気をしたのですが、それより前の四十四歳ぐらいのときのことです。何か、「新聞や本の細《こま》かい字が読みにくい。英字新聞などは特に字が小さいので読めない」という感じになったため、そのときは、たくさんの老眼鏡があちこちに置かれていました。そして、一週間ぐらい、度の違《ちが》う老眼鏡をかけたり外したりしていたのです。

しかし、そうすると、見える文字が大きくなったり小さくなったりして、目が余計に悪くなりそうだったので、「老眼鏡はやめた。見えようが見えまいが、肉眼で見るぞ！」と、強い意志でもって、肉眼しか使わないようにしました。そうしたら元に戻《もど》ったのです。

今では、検査をしても、視力は二・〇か一・五であり、この年齢《ねんれい》でも裸眼《らがん》で新聞が読めています。当時は、「英字新聞は字が小さいから読めない」と思っていたのに、今は、それが読めているわけです。

そういう意味では、目に対して、「おまえが必要なんだ。目が見えなければ、全然、勉強ができないではないか。だから、見えなければ困るんだ。眼鏡《めがね》なんかないぞ！」という感じで言い聞かせていると、よくなってくるものなのだなと思いました。

もちろん、目も使いすぎれば傷《いた》むので、少し休める必要もあるでしょう。受験生の場合、七割ぐらいは眼鏡をかけているでしょうから、やはり、使いすぎたら悪くなるのだと思います。しかし、一定時間休めてあげれば、元に戻ってくることもあるので、目の〝リハビリ〟も、大事にしてください。

精神的ショックを受けると働く「自衛本能」

あるいは、耳がよく聞こえなくなるようなこともあるでしょう。「だんだん耳が遠くなって、他人《ひと》が何を言っているか分からない」という人もいると思います。

私の経験によると、何か精神的なショックを受けて、近眼になったり、目が見えにくくなったりすることがありますが、耳も同じです。他人に悪いことを言われたり、怒鳴《どな》られたり、怒《おこ》られたりするのを聞くのが嫌《いや》で、耳が遠くなることがあります。例えば、耳鳴りがすることもあるでしょう。要するに、「自衛本能」として、聞こえなくなるのです。

私は、こうした経験を、年を取ってからではなく、二十代のときにしました。「あまり怒られてばかりいると、だんだん聞こえなくなる」というのは、本当にあるのです。ボオーンという感じで、まるで、プールに潜《もぐ》って音を聞いているようになり、「何だか、私のことを怒っているらしいな」とは思うのですが、

遠くで怒っているようで、直接には聞こえてきません。「鼓膜《こまく》は振動《しんどう》している
けれども、脳には、その意味が伝わってこない」という感じになります。そう
いう経験をしたことがありました。

ともかく、一種の〝防衛装置〟として、「耳が聞こえなくなる」とか、「目が
見えにくくなる」とかいうことがあるのです。特に、マイナスの評価につなが
るような刺激《しげき》から自分を護《まも》るために、そういうことが起きます。

したがって、急に目が見えにくくなったり、耳が聞こえにくくなったりした
場合は、「その前に、精神的なショックを受けたかどうか」を振《ふ》り返ってみて
ください。

例えば、「理事長に呼び出されて、一時間ガンガン怒られたあと、耳が聞こ
えなくなった」とか、「目が見えなくなった」とかいうことがあるかもしれま

エイジレス生活の秘訣

急に目が見えにくくなったり、
耳が聞こえにくくなったりした場合は、
「その前に、精神的なショックを
受けたかどうか」を振《ふ》り返ってみよう。

せん。そういうときは、「反省」とは言わないまでも、少し振り返ってみるのは大事です。やはり、いい大人がガンガン怒られたりすれば、耳が遠くなって、聞こえなくなることもあるでしょう。

しかし、これは「自衛本能」なのであって、要するに、〝聞こえないほどよい〟わけです。ガーンと怒られて、「おまえだ！　おまえに言っているんだ！」と言われたとしても、「誰《だれ》に怒ったのか分からないなあ？　『おまえ』って、私のことかな？」などと思いながら、だんだん〝カムフラージュ〟していきます。すると、相手も、「あいつは、ボーッとしていて分からんらしい」といった感じになり、あまり言わなくなってくることがあるのです。

あるいは、難しい本が読めないのを、目が悪いせいにしてしまえば、読まなくても済むでしょう。そういうこともあるのだと知っておいたほうがいいと思います。

実は、以前にも少し述べたことがありますが、私が四十四歳ぐらいで一週間か二週間か老眼になったのは、子供が中学受験で大奮戦《だいふんせん》して、〝大敗北〟を記録していたころでした。そのときに、急に目が見えにくくなったのですが、これは、「お先真っ暗」、「前が見えない」という意味でしょう。それを体で表現したら、そうなるわけです。

しかし、「そこまで深刻に思うのは親バカだ」ということなのかもしれません。むしろ、「世の中ではよくあることなのだ」と思えばいいのです。やはり、物事は確率論的に考えるべきでしょう。「何人ぐらいが受けて、何人ぐらいが通っているか」と考えればよく、あまり気にしすぎるのもバカバカしい話なのです。

「違うところに才能があるのかな」と思えば、それまでのことなのですが、深刻に考えすぎると、そういうことになる場合もあります。

子供が、いろいろな試験で受かったり落ちたりしたとしても、それに連動して親が〝故障者〟にならなくてはいけない理由はないのです。親のほうも、自立していなければいけないわけです。

そういうこともあるので、気をつけたほうがよいと思います。

医者はこれをなかなか認めてくれないのですが、意外に、「精神的なショックで、いろいろな部分が利《き》かなくなる」ということがあるのです。これは、知っておいたほうがよいのではないかと思います。

「異性恐怖症《きょうふしょう》」「学習障害」「多動性障害」等をこう考えてみる

それから、予想外のところで叱責《しっせき》されたりすると、「恐怖心《きょうふしん》」が生まれることがあります。

「女性恐怖症《しょう》」や「男性恐怖症」という「異性恐怖症」においても、だいたい、何かのときに失敗したような経験があって、それからあと、恐怖心が生まれ、どうもぎこちなくなったり、自分を信頼《しんらい》できなくなったりしていることが多いのです。

このあたりに関しては、そういう自分自身をよく見つめてみることです。

「そうなのではないか」と思ったら、自分で自分にかけていた洗脳というか、呪縛《じゅばく》のようなものが解けていくので、そういうことが大事なのではないかと思います。

劣等感《れっとう》のようなものを心のなかで反芻《はんすう》し、自分のことを「頭が悪いのだ」と繰《く》り返し思っていると、それがかたちを変え、「目が悪いのだ」「耳が悪いのだ」「神経のどこかが悪いのだ」「生まれつき○○なのだ」と考えるようになることがあるのです。

例えば、病気としてもそうかもしれませんが、心理学のほうで言うと、「LD（学習障害）」というものがあります。あれは説明として〝使いやすい〟のです。子供の出来が悪いときには、「うちの子は生まれつきの学習障害で……」と言って、みな、LDにしてしまえばよいわけです。

しかし、こんな病気はないのです。「勉強ができる子」と「できない子」は、昔からずっといます。「できる子」に比べて勉強ができないと「学習障害」ですが、「できない子」に比べてよくできるのであれば、学習障害ではないので、これは比較《ひかく》の問題なのです。

ところが、それを「ＬＤ」といって片付けていると、もう、改善の余地がなくなります。

あるいは、「ＡＤＨＤ（注意欠陥・多動性障害）」といわれるものもあります。確かに、子供で多動性の人はいますが、ずっとそのままでいるわけではなく、変化していくことが多いので、あまり決めつけないほうがよいと思います。親が決めつけると、本人自身が、「自分は多動性で集中力がなく、常に何かをしていないといられないのだ」と考えるようになり、それに劣等感を感じすぎると、自己変革にマイナスが生じます。

「人は変化する」と思い、「改善の努力」をするとプラスが出てくる

やはり、「いろいろな人が、変化していくのだ」ということを知っておいたほうがよいでしょう。多動性の人が、まったくの不動性ではないけれども、何か一点に打ち込《こ》むようになることはよくあります。人は変わるものなのです。

私も、大人になってからというか、この仕事をやり始めてからは、不動性の部分のほうが多くなったような気がするのですが、もともとは多動性なのです。

小さいころから多動性で、じっとしていられず、いつも何かをしていました。「学校からまっすぐに帰ってきたことがない」と、今ごろ母親に言われ、驚《おどろ》いたことがあります。私の母が孫に対して、「（あなたの）お父さんは、まっす

ぐ家に帰ってはこなかった」と言っていたのです。

また、「（あなたの）お父さんは、野球に行く途中《とちゅう》でオタマジャクシを見つけ、野球帽《ぼう》でオタマジャクシをすくって家に持って帰ってきたので、『あなた、野球に行ったのと違う？』と訊《き》いたことがある」とも言っていました。

母の話を聞いていると、〝ろくでもない話〟というか、「子供のころの私が、いかに集中力がなく、物忘れが激しかったか」がよく分かるような話が出てくるので、ゾッとすることがあるのですが、幸いにして私にはその記憶《きおく》がないので、自分をいじめることはありません。

ですから、「人は変化するのだ」と思っていたほうがよいと思います。体も変化します。内臓も変化するので、先ほど言ったように、メタボでさえ、変化することはあるのです。

それぞれ、度を越《こ》したものについては調整をかけるべきだとは思いますが、「少しずつ改善していこう」と努力していくうちに、いろいろな面でプラスは出てくるのです。そのようなことを知ってほしいと思います。

エイジレス生活の秘訣

「人は変化するのだ」と思っていたほうがよい。体も変化し、内臓も変化する。

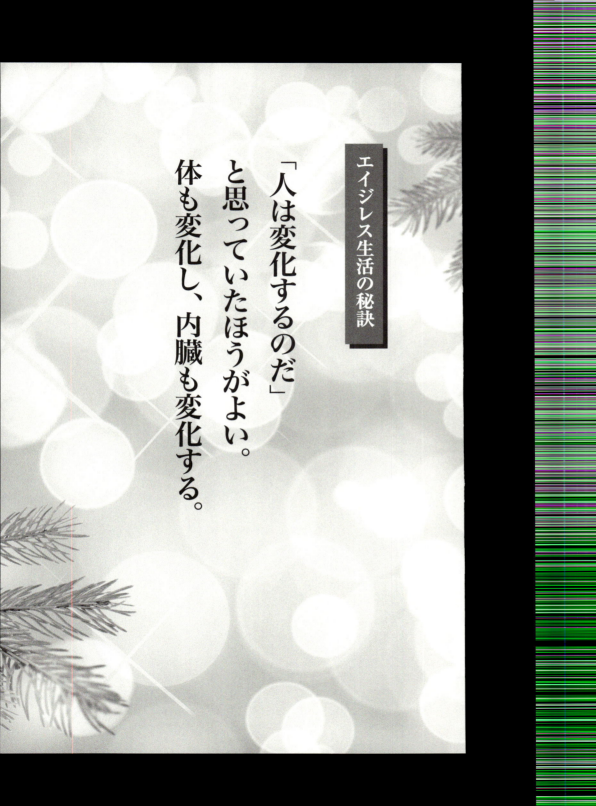

6　エイジレス生活、五つの習慣

習慣①　頭も体も常にこまめな「鍛錬《たんれん》」が要《い》る

世間《せけん》では、年齢《ねんれい》相応に扱《あつか》われているうちに年齢相応になってくることが多いので、それに抵抗《ていこう》して頑張《がんば》るべきです。

知的な部分の鍛錬《たんれん》には、足腰《あしこし》の筋肉の鍛錬とよく似ているところがあるので、頭をこまめに動かしていけば、いけるのです。

最近、「六十歳《さい》以上の医者にかかると死亡率が高い」ということが週刊誌に書いてあったりしたので、〝震《ふる》え上がっている〟医者もいると思います。

確かに、外科《げか》では、手術で医者の手が震えたりすると怖《こわ》いところはあります。そのため、「皇室も怖がっている」という話もあります。「皇室によく来る医者は（高齢の）名誉《めいよ》教授などであり、手を震わせながら執刀《しっとう》したりするので、怖い」と言われているのです。准《じゅん》教授ぐらいのレベルにいる若い人のほうが、しっかりしていてよいわけです。

震える手でメスを振《ふ》るわれると、どこを切られるか分かりません。違《ちが》うところを切られたあとで文句《もんく》を言っても、もう手遅《ておく》れです。そのため、「医者として格の高い人をお呼びすればよいとは、必ずしも言えない」と言われているのです。

そういう意味でも、常に「鍛錬」が要《い》ると思ったほうがよいでしょう。

習慣②「Be Positive《ビー　ポジティブ》」を心掛《こころが》け、積極的に生き、自分をほめる

あとは、「志《こころざし》」だと思います。

今、人間の寿命《じゅみょう》は延びており、「二一〇〇年ぐらいまでには、日本人の平均寿命は百歳近くまで行くのではないか」とも言われています。

ただ、「平均寿命」と「健康寿命」、すなわち健康で生きられる年齢には、数年から十年ぐらいの差があります。

長生きをしても、病気や障害を負って活動できない時間が長いと、やはり、つらいことはつらいので、イメージトレーニングで、なるべくその差を縮めていけるように、亡《な》くなる直前まで現役《げんえき》で元気に働けるイメージを、自分で持っ

ているほうがよいと思います。

それから、自己破滅《はめつ》型というか、自分を責めすぎる傾向《けいこう》のある人の場合、働けなくなってくると、潜在《せんざい》意識下で「自分を破壊《はかい》する想念」が湧《わ》いてくることがあります。そして、何かの病気をつくったり、事故に遭《あ》いやすくなったりします。あるいは、物忘れが激しくなり、重大なことで〝チョンボ〟を犯《おか》し、仕事を任せられないようになったりします。

したがって、やはり、考え方は大事であり、年を取っても、ある程度「Be《ビー》 Positive《ポジティブ》」であること、積極的に生きることが大事です。暗い面については、できるだけ丸めて小さくし、反省の材料としては使っても、それ以上には広げないようにしなくてはなりません。

何か少しでも前進したことがあれば、「自分も、まんざらではないんだな」

エイジレス生活の秘訣

亡《な》くなる直前まで現役《げんえき》で元気に働けるイメージを持とう。

と思い、自分で自分をほめるとよいでしょう。他の人はあまりほめてくれないので、内容的に嘘《うそ》でなければ、自分で自分をほめる気持ちも、大事なのではないかと思うのです。

習慣③ 運動も勉強も、少しずつ継続《けいぞく》していくと、だんだん楽になる

五、六十歳ぐらいの人たちは、先ほど、私が「腹筋を千回できる」と述べたので、みな、怖がっているかもしれません。「私にはできない。それは無理だ。血圧が上がって、血管が切れるかもしれない」などと思っているでしょう。

ただ、いきなり千回はできないので、やはり、十回や二十回といった少ない回数から始めなくてはなりません。そして、慣れてくると、マラソンの走行距《きょ》

離《り》と同じで、少しずつ少しずつ回数が伸《の》びてくるのです。

努力というものは、走ったり歩いたりするのと同じで、それほど意図せずに継続《けいぞく》していくと、だんだんだんだん、楽になってくる傾向があるのです。

「勉強」も同じです。少しずつやっているうちに、だんだんだんだん、楽になってくるところがあります。

先ほど英語の話もしましたが、年を取ってから英語ができるようになるのは、確かに難しいことです。それでも、努力すればできるようになるのです。

例えば、高校の現役の英語教師が英検の準一級に受かる率は六割程度、半分を少し超《こ》えるぐらいですし、中学の英語教師だと、三割ぐらいしか受からないとも言われています。

しかし、私の場合、この年齢になっても、準一級ぐらいのレベルの英単語集をザーッと見て、知らない単語が一つもないのです。

「英語の教材づくりの作業を繰《く》り返しやっているうちに、いつの間にか勉強が進んでいるのだなあ」と思います。「準一級レベルの英単語集を見て、知らない単語が一個もない」ということだと、年齢のわりには〝歩留《ぶど》まり〟がよいわけです。

高校の英語の先生であっても、準一級の問題が必ずしもできるわけではないのでしょうが、知らない単語が一個もないのであれば、問題を難しく感じることはないでしょう。たぶん、問題を見たら、すぐに答えが分かるぐらいのレベルだと思います。問題が易《やさ》しく見えるわけです。

私は、十年以上、英語の教材をつくり続けています。別に、勉強しているつもりはないのですが、作業として、ずっと英語の教材をつくり続けていると、それだけでは全部を覚えられなくても、〝歩留まり〟があり、一定の部分は記《き》憶《おく》として留《と》まるのです。

そうすると、難しかったものでも、易しく見えてくることはあるわけです。

習慣④「努力の習慣」を身につければ、頭が活性化してくる

ボケないためには、語学もよい材料ですが、ある程度才能も要るので、それに向かない方の場合には、ほかのものでもいっこうに構わないと思います。別に、英語でなくてもよく、国語、つまり日本語の言葉を覚えることでも構わないと思うのです。

とりあえず、何か「努力の習慣」を身につければ、目覚めてくるというか、

頭が活性化してくることがあると思います。

また、自分の専門ではないことや、あまり得意ではないようなことについても関心を持ち、「近づけるものなら、少しでも近づいてみようか」という感じの努力をすることも大事です。

例えば、宗教の仕事をしていたら、数学が出てくることは、ほとんどありません。財務・経理に関する報告などには数字が出てきますが、それ以外では、ほとんど出てこないものです。

それでも、例えば、岡潔《おかきよし》先生の著作を、折々に繰り返し読んでいたりすると、数学者の霊言《れいげん》も録《と》れたりすることもあります（『数学者・岡潔　日本人へのメッセージ』参照）。これは、「頭が錆《さ》びついていな

『数学者・岡潔　日本人へのメッセージ』
（幸福の科学出版刊）

エイジレス生活の秘訣

「努力の習慣」を身につければ、頭が活性化してくる。

い」という証拠です。

十九歳のころ、最初に岡先生の全集を読んだころには、私はまだ数学の問題が解けていたと思うのですが、今では、もう、解けるとは思えません。

それでも、ときどき、岡先生の著作を反芻《はんすう》して読み、また、その周辺にある、彼が参考にしていたような文献《ぶんけん》などを読んでいると、数学者が書いたものであっても、何となく分かるようなところはあるのです。

習慣⑤「若いころに手がけたもの」をやり直してみる

特に、年を取ってからリスタートし、やり直す場合には、自分の若いころを振り返ってみて、「昔、少し手がけたけれども、途中《とちゅう》でやめてしまったことを、続きから始められないか」ということを考え、そのあたりから始めると、やりやすいことがあります。

スポーツであれば、少しでもやったことのあるものを、また、やり始める。勉強でも、〝途中までは掘《ほ》った〟がやめていたものを、また続けてみる。

このあたりからやっていくと、少しずつ広がってくることがあると思います。

そういう意味では、体が健康で、頭も衰《おとろ》えないでいることは大事です。

年を取ってボケてくると、若い人が相手にしてくれなくなったり、子供や孫が寄りつかなくなったりすることもあります。

体はだんだん不自由になるかもしれませんが、頭がしっかりしていて、受け答えがしっかりしている状態だとまんざらバカにできないので、頭がしっかりしていることは、非常に大事なのではないかと思います。

エイジレス生活の秘訣

「若いころに手がけたもの」を
やり直してみよう。

7　老いの時節《じせつ》を「迎《むか》え撃《う》ち」、自家発電できる状態に

今日は、「老いて朽《く》ちず」ということを一つの標語にして話をしましたが、要するに、「だんだん、老いの時節《じせつ》を迎《むか》える方は、それを『迎え撃《う》って』いかなければならない」ということです。

私は、「渡部昇一《わたなべしょういち》先生を超《こ》えられるかどうか」ということにチャレンジしたいと思っているのですが、「彼が準備できなかったところを準備することで、クリアできないかどうか」と考えています。

中曽根《なかそね》（康弘《やすひろ》）元総理は、百歳《さい》ぐらいになっても、まだ頭も体もシャンとし

あ」と思っているのです（注。中曽根康弘氏は戦時中、内務省から海軍短期現役制度により海軍主計中尉に任官し、終戦時には海軍主計少佐となった）。

他人《ひと》に迷惑《めいわく》をかけないかたちで、自分自身が〝自家発電〟できる状態を続けられれば、ありがたいと思っています。

法話《ほうわ》は以上です。

第2章 スマホを置いて、本を読もう（質疑応答）

二〇一七年六月二十一日

東京都・幸福の科学総合本部にて

Q　〝スマホ時代〟における「読書の効用」とは

質問　「活字を読むことは、精神力や忍耐力《にんたいりょく》を鍛《きた》えたり、克己心《こっきしん》を養ったりする上で非常に役に立つ」ということを教えていただいていますが、最近では、電車通勤中に、以前のように文庫本等を読んでいる人はほとんどいなくなり、老いも若きも、みな〝スマホ（スマートフォン）一辺倒《いっぺんとう》〟になっています。

そのような状況《じょうきょう》のなか、先ほどの法話《ほうわ》「老いて朽《く》ちず」（本書第1章）にもありましたが、気力、体力、視力が衰《おとろ》え始める壮年《そうねん》層、熟年層の人たちが生涯《しょうがい》現役《げんえき》でお役に立っていくために、改めて、「読書の効用」というものをお教え部の月例の決裁書類が来ており、各局からのいろいろな報告・稟議《りんぎ》等を読んで処理をしていました。

そのなかで、出版局からのものも読んで、それに対するコメントを書きました。その際、経典《きょうてん》のアンケートはがき等の「読者の声」を集めて載《の》せたものも読んだのですが、そこには、五十代、六十代、七十代、八十代あたりの人のものが多く、若い人のものがほとんど出ていませんでした。

私はそれを見て、「もしかしたら、最近は、年を取った人は本を読むけれども、若い人は本を読まないのではないか」と、ふと思って、今日の午後のこの説法《せっぽう》になったわけです。

普段《ふだん》、私は、若返りたいので、若い人に関心があり、若者向けの話をよくするのですが、「実は、年を取った人のほうが本を読んでいる」ということでは、少々ズレがあるでしょう。そこで、「これからは、本を読んでくれる年齢《ねんれい》の人向けの話をもう少し厚くしていかなければいけないのかな」と思い、とりあえず取りかかろうとしているところです。

出版局もたまたまなのでしょうが、「よい」と思ったアンケートの感想を集めたらそうなっていたわけで、その人たちの平均年齢がどのくらいなのかは気にしていなかったのかもしれません。ただ、私が見たら、「けっこう高い年齢

どこも大したこと

だ、月に一冊しか本を読まないとなると、幸福の科学がたくさん本を出しても、

「読めやしない」ということになるでしょう。当会は年に百冊以上の本を出したりしているので、当会の会員であろうと「全部読めない」というのは、分かることは分かります。

ただ、これに対しては、やはり啓発《けいはつ》が必要でしょう。「本を読み続けた人が、どう変わったのか」というような事例をもう少し打ち出していく必要がありまず。例えば、「良書を読み続けることによって、どれほど自分が変わっていったか」という話をもう少し取り上げて、PRしていかなくてはなりません。

これは、「ウサギとカメの競走」のようなものだと考えてください。「活字の本を読んだりするのは、タイムマシンに乗ってグーテンベルクの時代に戻《もど》ったようで、遅《おく》れている」と思うかもしれませんが、やはり、「電車のなかで、みながスマホをいじっているというのは、少しおかしいのではないか」という感

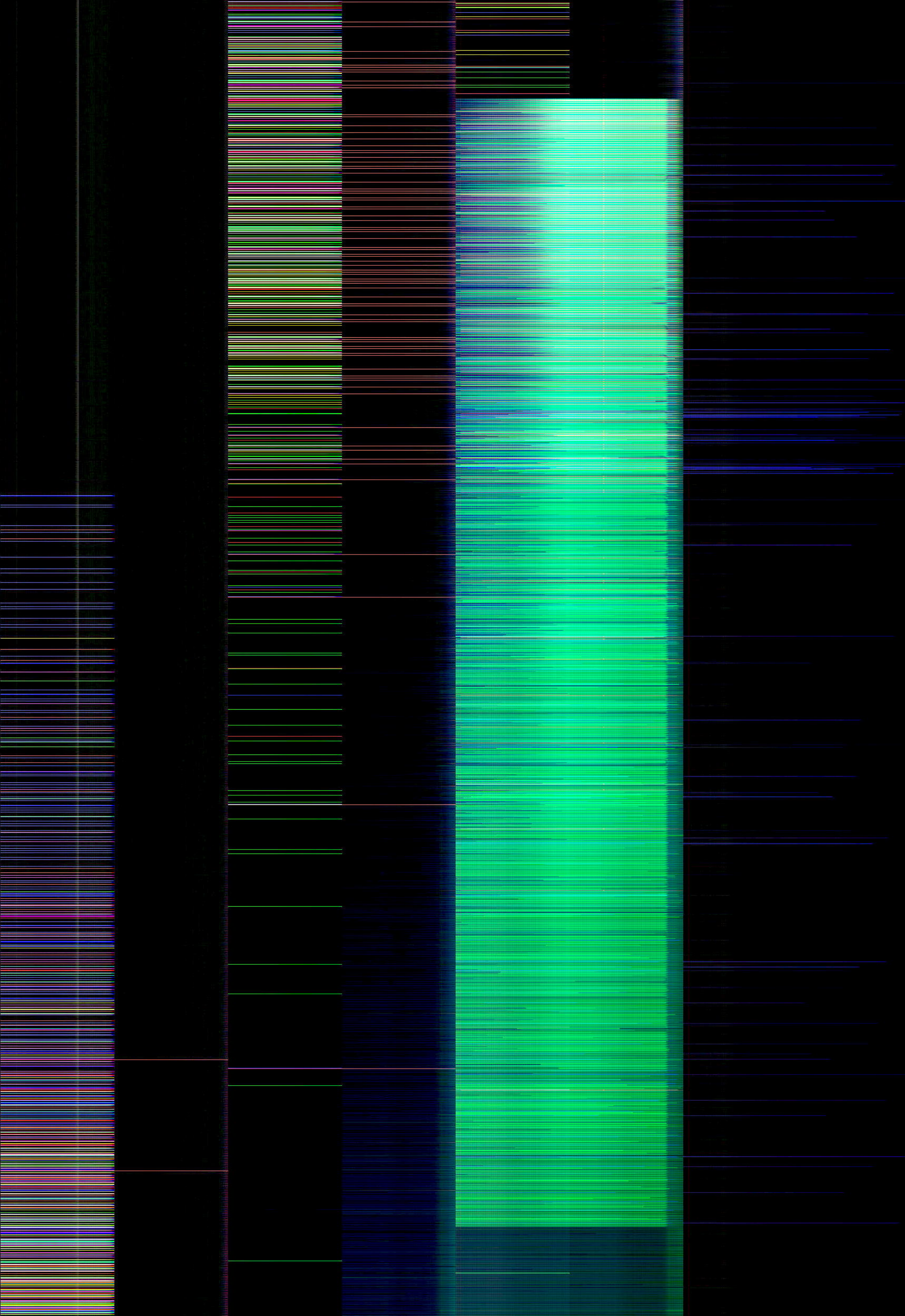

エイジレス生活の秘訣

「時代に抗《こう》する」というか、
みなが行くなら、
やはり、逆を行ったほうが
〝小判《こばん》が落ちている〟。

り畳《たた》みながらでも読んでいき、松戸までには日経新聞を読み終えて、それから先は読書にかかるというようなことを、私はやっていました。

会社に着いてから新聞を読んでいるようでは遅《おそ》いのです。あるいは、もっと遅くて、昼休みに読む人もたくさんいますが、やはり、頭にいいものをできるだけ早めに入れていかなければいけません。

そのあたりの違《ちが》いのところを、もう少し知る必要があるでしょう。当会にも、月刊誌などをつくっている編集部門がありますが、活字を読んでいる人は少し〝違う〟ような気がするのです。

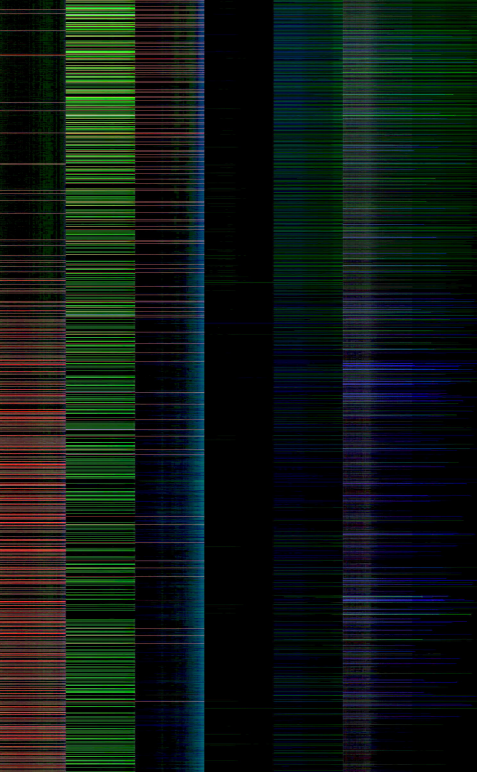

確かに、ニュースも、新聞で読もうと電光掲示板《けいじばん》で見ようと、内容的には同じかもしれません。しかし、電光掲示板で流れていくニュースの場合、そのときは「こういうことがあったのだな」と思っても、一時間もたてば忘れていることが多いわけです。

一方、新聞でニュースを読む場合は、全部が全部、残らないにしても、自分にとって大事なところに赤線を引いたり赤丸で囲んだりしていると、それが知的なストック（蓄積）になります。

やはり、現代社会を語ろうとすると、新聞も非常に貴重な材料でしょう。新聞には、数十倍から百倍の競争を乗り越《こ》えて採用された、数千人の選ばれし社員が情報を集めてきて記事を書いています。しかも、それをデスク等がカットし、削《けず》って削って残ったものが載《の》っているのです。

その意味では、インターネットで情報発信をしている人のレベルに比べれば、そうとう訓練を受けた人たちが書いているわけですし、さらに、もう一段上の人のふるいもかかっているので、「載っている情報自体のレベルが高い」ということは言えるのです。

ただ、新聞の情報も〝一日しかもたない〟ことが多いでしょう。したがって、そうした情報よりは、新聞に連載《れんさい》されていたもののほうがよいのですが、そのなかでも、さらに「本になるぐらいのもの」と、「本にもならないで流れ去っていくもの」とでは差があります。本になって遺《のこ》るようなものというのは、ある程度、普遍性《ふへん》があるというか、あとに遺せるようなものが多いわけです。

確かに、今は、新聞や電波媒体《ばいたい》に似たようなレベルの本もあって、それらは、「ケータイ小説」というものが流行《はや》り出したあたりから増えているように思い

映画を観《み》るにしても、数年ぐらい前までは、映画館に行ってチケットを買えば観られたのに、今は、気をつけないと、機器を使って予約をしなければ観られない場合があります。

そうなると、おじいさんやおばあさんたちは、〝イエス、Uターン〟でしょう。「面倒《めんどう》くさい。この〝v・i・t《ビット》〟（インターネットチケット販売）というのは何だ？　よく分からない。年寄りへの嫌《いや》がらせか」などと思って、帰ってしまうかもしれません。そういう難しい時代にはなってきています。

ただ、使いこなせたら便利なものがあるとはいえ、自分にはそれほど適性がないと思えば、あえて流れに抗して、「質にこだわる」という手もあるでしょう。

また、〝半歩遅れの読書〟とか〝一歩遅れの読書〟とか言われることもあり

例えば、そうしたものは、「夜中にあまり使うと寝《ね》つきが悪くなって、睡眠《すいみん》時間が減る」とも言われています。やはり、寝る前には、そういう〝光りもの〟を読んだりしないほうがよいでしょう。あるいは、情報そのもので興奮しないようにすることも大事だと思います。

もちろん、昼間であれば、やや〝阿修羅《あしゅら》〟波動《はどう》があるような雑然とした情報でも、読んだり聞いたりすることはできるかもしれません。しかし、就寝《しゅうしん》が近づいているころには、次第《しだい》に眠《ねむ》くなるように、「名著」などを読むのも悪くないと思います。寝る三十分ぐらい前までに、歴史に堪《た》えるような本を読むようにしたほうが、寝つきがよくなることもあるのです。

なお、統計的なものが出ているわけではありませんが、比べてみると、活字を愛している人のほうが知的なように私は感じます。このあたりについては葛《かっ》

以前であれば、どこの家庭でも百科事典の類《たぐい》を買っていました。お客様が来たときに恥《は》ずかしいので、応接間等に〝飾《かざ》り〟として百科事典を並べていたのです。要するに、百科事典は重たいせいで使用頻度《ひんど》は極《きわ》めて低く、調べものがあっても百科事典を箱から取り出して開くことはほとんどありません。さらには、コピーを取るのも大変ですし、写すのも面倒なので、代金だけを支払《しはら》って〝本を飾っている〟ような家庭が多かったわけです。

しかし、スマホであれば、実に簡単に調べられます。また、百科事典に載っていないようなことをアップ・トゥ・デイト（最新）でどんどん出してくれるところもあって便利なのです。したがって、そういうことに関心のある人は使ってもよいだろうと思います。

例えば、私はスマホを使わないのですが、家内《かない》は、暗闇《くらやみ》のなかでも使えるた

そこはよいところかもしれません。

「心の糧《かて》」を得るには、ネット情報よりも紙の書籍《しょせき》の「良書」を

ただし、「心の糧《かて》」にしていくようなものとしては、やはり活字のほうが上でしょう。特に、「何が良書か分からない」という人には、「『幸福の科学出版』と書いてある本をお読みください」と言えばいいわけです。

ちなみに、今から三十年も前になりますが、紀伊國屋《きのくにや》書店などでは、最初の霊言集《れいげんしゅう》が出たころから、「これは良書だ」と言ってくれていました。その方は副会長になった人でしたが、「幸福の科学出版から出ている本は良書だ」と三十年前に断定し、そのあと、ずっと熱心に普及《ふきゅう》に取り組んでくださっていたと

エイジレス生活の秘訣

「心の糧《かて》」にしていくようなものとしては、やはり活字のほうが上。

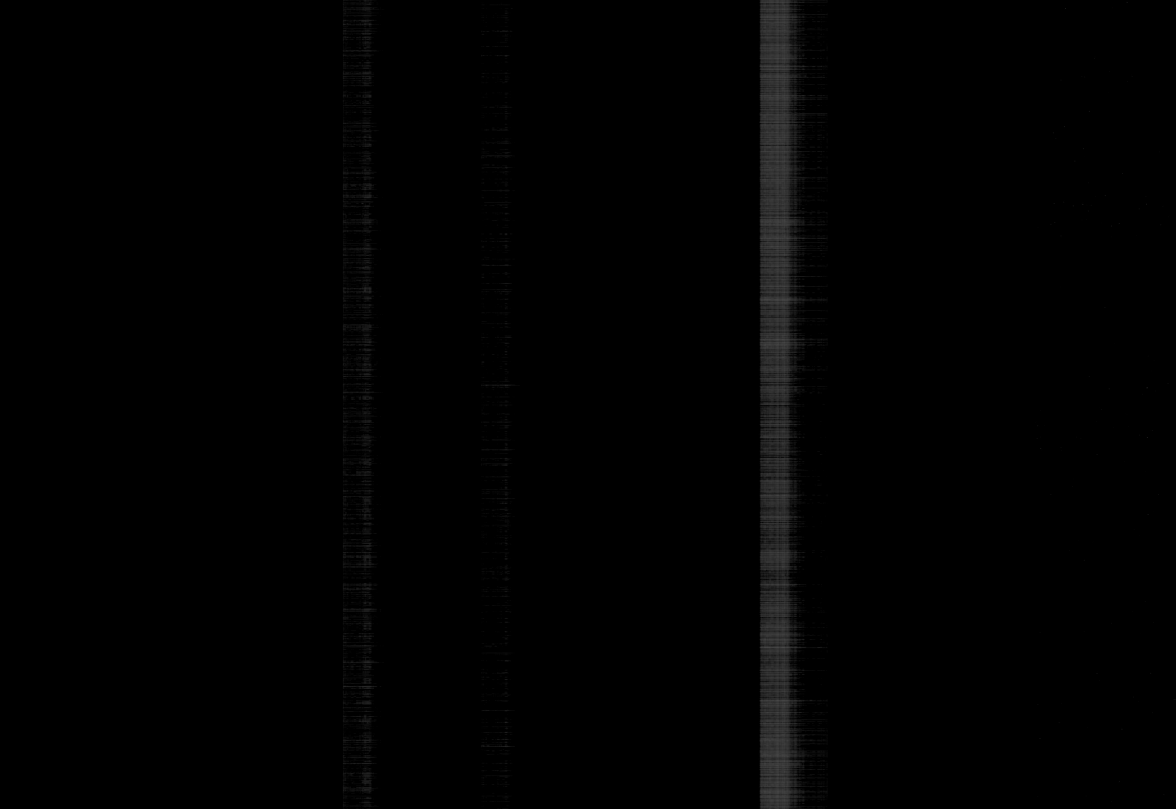

人間は、「自分がのめり込《こ》むもの」に近づいていくから

出版社としては、「やはり本は大事だ」と言い続けなくてはいけません。そうでないと、もうすぐ本はなくなります。「南のほうの木が伐採《ばっさい》されて、山が裸《はだか》になるのはもったいない」という感じで言われると、〝消されて〟しまいます。

一方、電子書籍《しょせき》的なものは、場所を節約するためにも、一定の量は必要になるとは思うのですが、それには「知的な所有感」がありません。そのため、寂《さみ》しいのです。

人生において読める本の数はそれほど多くはないので、せっかく読むのであ

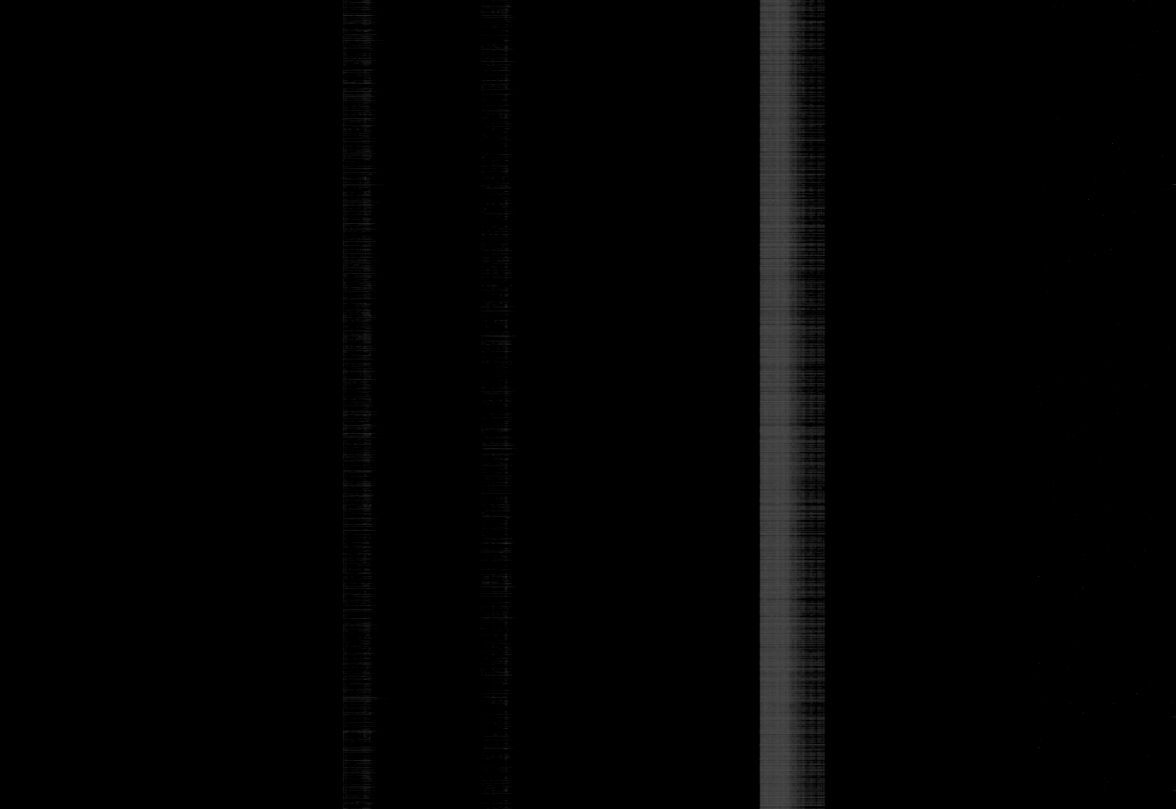

についての評論を書いたりしやすくなります。また、小説をよく読む人は、小説を書きたくなったりするようになるものなのです。

「自分がのめり込むものに、だいたい、自分は近づいていくものだ」と考えればよいのではないかと思います。

「読書力を上げるためのキャンペーン」で文化の逆流を起こそう

とにかく、月に一冊ぐらいしか本を読まない文化では、当会の書籍をさばき切れないので、もう少し読書力を上げるように、キャンペーンを張る必要があると思います。

「あなたの頭は、それだけ〝弱って〟いるのです。幸福の科学出版一社から

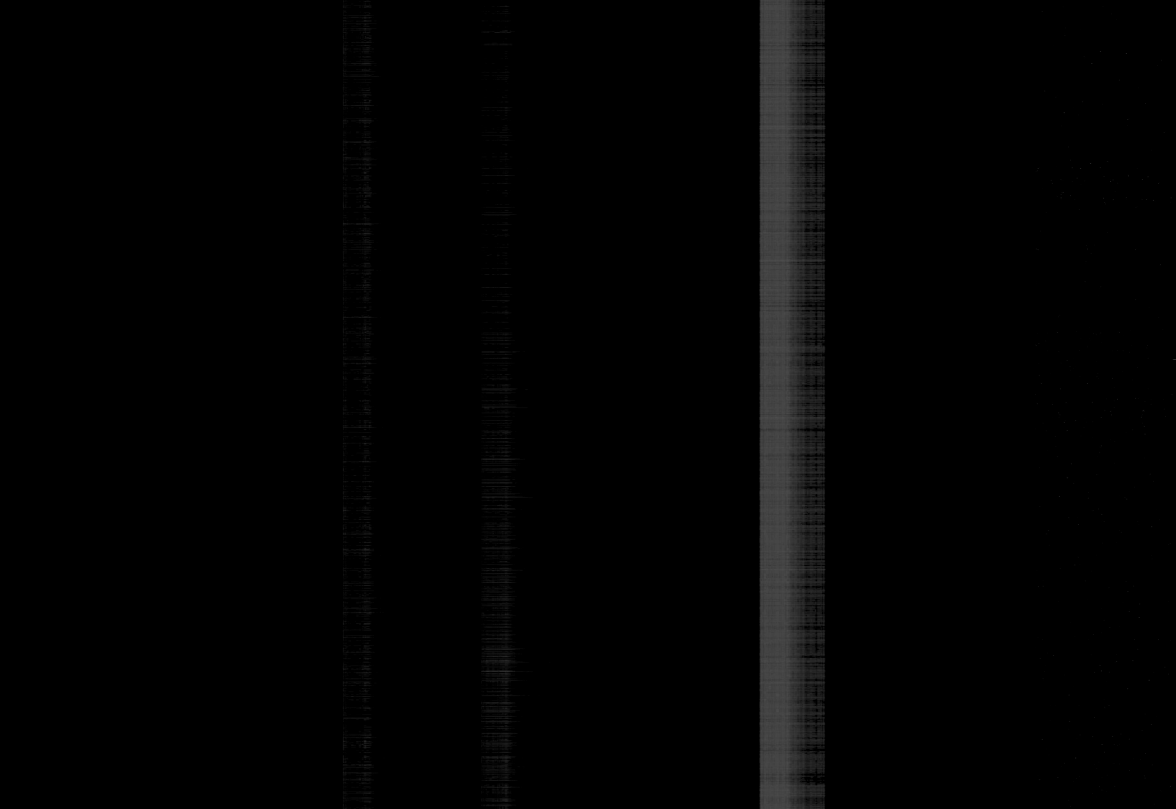

あるいは、井上《いのうえ》ひさし風に、「最初のほうに関しては、ゆっくりと読んでいき、感じがだいたい分かってきたら、途中《とちゅう》から速度を上げてサーッと読む」という方法もあります。

このように、読み方はいろいろあると思います。

大別すると、「情報読み」と「内容を知的に発掘《はっくつ》する読み方」の両方があると思うのですが、適宜《てきぎ》、使い分けたらよいと思います。

「冊数は少なくても、良書だけを集めて、じっくりと読める人も幸福だな」と私は思うのです。「本当によい本を、百冊、二百冊、三百冊ぐらいでよいので、一棚《ひとたな》、じっくりと繰《く》り返し読める人もまた幸福ではないか」と思っています。

ただ、私自身としては、知的欲求がそれだけでは止まらないので、どうして

も、〝もっと先〟へ行ってしまいます。

そういうわけで、本に関しては、〝文化の逆流〟を起こさないと、あなたがた（出版社）が要らなくなる可能性は高いと思います。

あとがき

自分が三十代の頃は、著書が多いので、大川隆法という人は八十代の人だろうと勘違《かんちが》いする人もあった。還暦《かんれき》を過ぎた今、外見を見て、四十歳前後の年齢《ねんれい》不詳《ふしょう》の人と言われることが多くなった。職業は、ファッション関係の方ですか、とか、自由業系の人でしょう、とよく言われる。時たま、二十代の人の会社の同僚と間違われる。

本書の副題である、「知的で健康なエイジレス生活のすすめ」にいつわりはない。本書を参考にして実り多い人生を送って頂きたい。

人生は、その密度《みつど》と継続性《けいぞくせい》によって、当然ながら、大きな成果の違いが出て

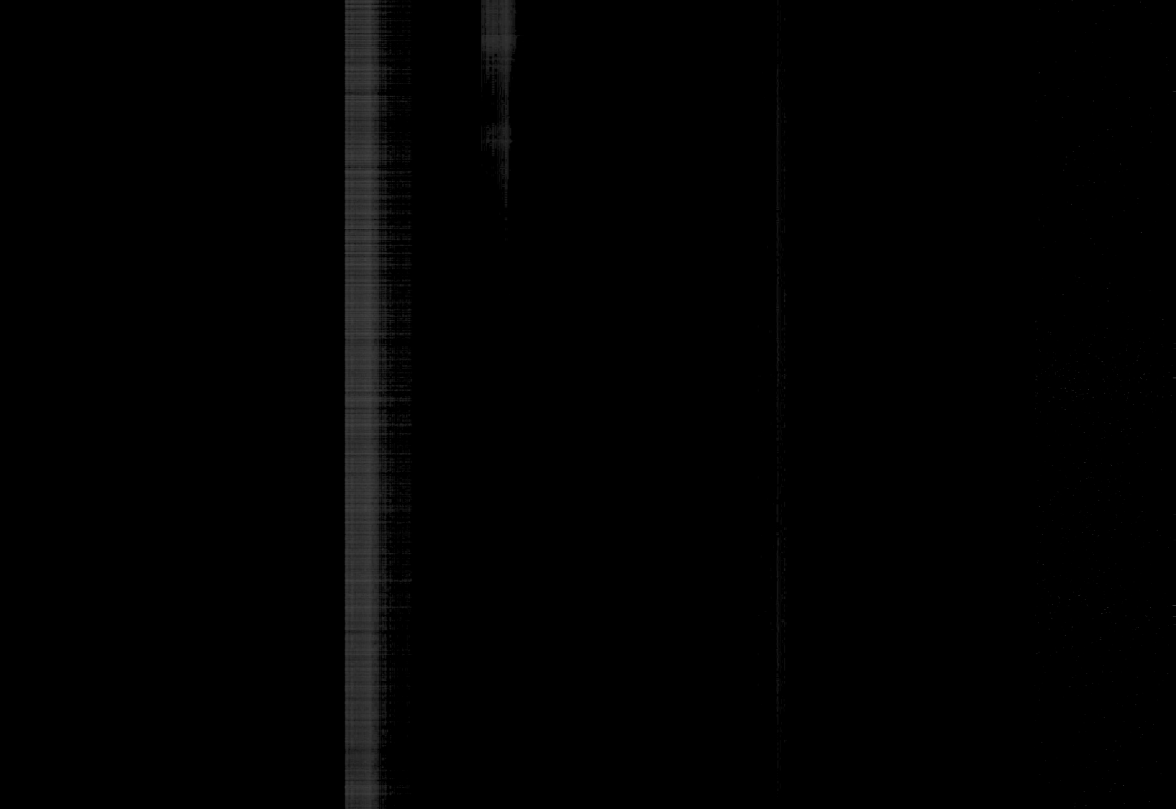

『老いて朽ちず』関連書籍

『生涯現役人生』（大川隆法 著　幸福の科学出版刊）

『エイジレス成功法』（同右）

『心を練る　佐藤一斎の霊言』（同右）

『数学者・岡潔 日本人へのメッセージ』（同右）

※左記は書店では取り扱っておりません。最寄りの精舎・支部・拠点までお問い合わせください。

『宗教としての包容力』（大川隆法 著　宗教法人幸福の科学刊）

大川隆法ベストセラーズ・生涯現役人生を目指して

生涯現役人生

100歳まで幸福に生きる心得

「生涯現役」は、まず心構えと継続する努力から始まる――。目標を持ち、使命を果たす人生を送る心得が説かれた一書。「無限界人間」を目指すために。

1,650円

エイジレス成功法

生涯現役9つの秘訣

年齢に縛られない生き方とは――。この「考え方」で心・体・頭がみるみる若返り、介護や認知症とは無縁の「生涯現役人生」が拓けてくる!

1,650円

復活の法

法シリーズ 第12巻

未来を、この手に

死後の世界を豊富な具体例で明らかにし、天国に還るための生き方を説く。ガンや生活習慣病、ぼけを防ぐ、心と体の健康法も示される。

1,980円

私の人生論

「平凡からの出発」の精神

「『努力に勝る天才なし』の精神」「信用の獲得法」など、著者の実践に裏打ちされた「人生哲学」――。人生を長く輝かせ続けるための深い智慧が明かされる。

1,760円

※表示価格は税込10%です。

大川隆法ベストセラーズ・死後の世界の真実

永遠の法

法シリーズ 第3巻

エル・カンターレの世界観

すべての人が死後に旅立つ、あの世の世界。天国と地獄をはじめ、霊界の次元構造を明確に解き明かした一書。主エル・カンターレの説く空間論がここに。

2,200円

地獄の法

法シリーズ 第29巻

あなたの死後を決める「心の善悪」

どんな生き方が、死後、天国・地獄を分けるのかを明確に示した、姿を変えた『救世の法』。現代に降ろされた「救いの糸」を、あなたはつかみ取れるか。

2,200円

地獄界探訪

死後に困らないために知っておきたいこと

死んだあとの世界まで考えると、この世でどう生きるべきかが分かる――。大川隆法総裁が霊界探訪をして解き明かした、地獄の実態と悟りへの指針。

1,760円

霊界散歩

めくるめく新世界へ

人は死後、あの世でどんな生活を送るのか。現代の霊界の情景をリアルに描写し、従来の霊界のイメージを明るく一新する書。

1,650円

※表示価格は税込10%です。

大川隆法ベストセラーズ・あなたを幸せにする「現代の四正道」

幸福の法

法シリーズ 第8巻

人間を幸福にする四つの原理

「幸福とは、いったい何であるか」ということがテーマの一冊。「現代の四正道」である、愛・知・反省・発展の「幸福の原理」が初心者にも分かりやすく説かれる。

1,980円

真理学要論

新時代を拓く叡智の探究

多くの人に愛されてきた真理の入門書。「愛と人間」「知性の本質」「反省と霊能力」「芸術的発展論」の全４章を収録し、幸福に至るための四つの道である「現代の四正道」を具体的に説き明かす（2024年10月改訂新版）。

1,870円

幸福の科学の十大原理（上巻・下巻）

世界179カ国以上に信者を有する「世界教師」の初期講演集。「現代の四正道」が説かれた上巻第1章「幸福の原理」を始め、正しき心を探究する指針がここに。

各1,980円

真実への目覚め

幸福の科学《ハッピー・サイエンス》入門

2010年11月、ブラジルで行われた全５回におよぶ講演を書籍化。全人類にとって大切な「正しい信仰」や「現代の四正道」の教えが、国境や人種を超え、人々の魂を揺さぶる。

1,650円

※表示価格は税込10%です。

幸福の科学グループのご案内

宗教、教育、政治、出版、芸能文化などの活動を通じて、地球的ユートピアの実現を目指しています。

幸福の科学

一九八六年に立宗。信仰の対象は、大宇宙の根本仏にして地球系霊団の至高神、主エル・カンターレ。世界百七十九カ国以上の国々に信者を持ち、全人類救済という使命の下、信者は、主なる神エル・カンターレを信じ、「愛」と「悟り」と「ユートピア建設」の教えの実践、伝道に励んでいます。

（二〇二五年四月現在）

愛

幸福の科学の「愛」とは、与える愛です。これは、仏教の慈悲《じひ》や布施《ふせ》の精神と同じことです。信者は、仏法真理をお伝えすることを通して、多くの方に幸福な人生を送っていただくための活動に励んでいます。

悟り

「悟り」とは、自らが仏の子であることを知るということです。教学《きょうがく》や精神統一によって心を磨き、智慧《ちえ》を得て悩みを解決すると共に、天使・菩薩《ぼさつ》の境地を目指し、より多くの人を救える力を身につけていきます。

ユートピア建設

私たち人間は、地上に理想世界を建設するという尊い使命を持って生まれてきています。社会の悪を押しとどめ、善を推し進めるために、信者はさまざまな活動に積極的に参加しています。

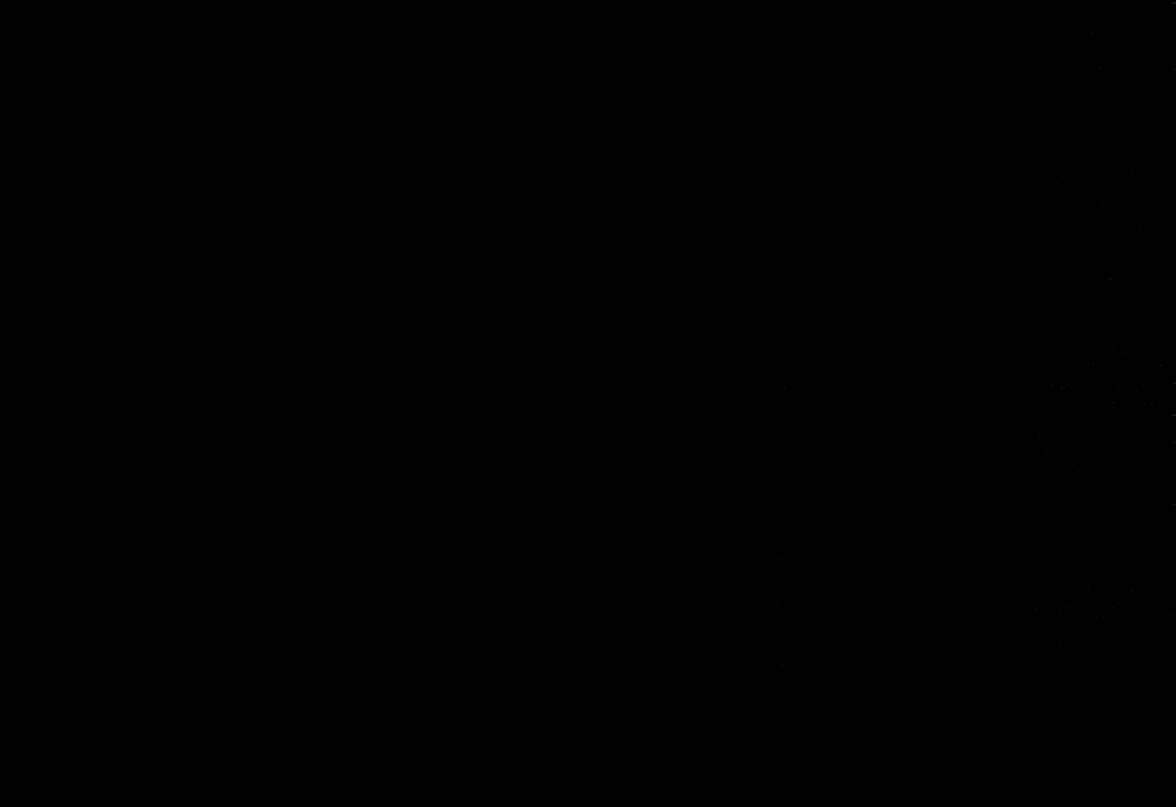

海外支援・災害支援

幸福の科学のネットワークを駆使し、世界中で被災地復興や教育の支援をしています。「HS・ネルソン・マンデラ基金」では、人種差別をはじめ貧困に苦しむ人びとなどへ、物心両面にわたる支援を行っています。

自殺を減らそうキャンペーン

毎年２万人を超える自殺を減らすため、全国各地で「自殺防止活動」を展開しています。

公式サイト **withyou-hs.net**

自殺防止相談窓口

受付時間　火～土:10～18時（祝日を含む）

TEL **03-5573-7707**　メール **withyou-hs@happy-science.org**

ヘレンの会　公式サイト helen-hs.net

視覚障害や聴覚障害、肢体不自由の方々と点訳・音訳・要約筆記・字幕作成・手話通訳等の各種ボランティアが手を携えて、真理の学習や集い、ボランティア養成等、様々な活動を行っています。

幸福の科学　入会のご案内

幸福の科学では、主エル・カンターレ 大川隆法総裁が説く仏法真理《ぶっぽうしんり》をもとに、「どうすれば幸福になれるのか、また、他の人を幸福にできるのか」を学び、実践しています。

入会

仏法真理を学んでみたい方へ

主エル・カンターレを信じ、その教えを学ぼうとする方なら、どなたでも入会できます。入会された方には、『入会版「正心法語《しょうしんほうご》」』が授与されます。
入会ご希望の方はネットからも入会申し込みができます。

happy-science.jp/joinus

三帰《さんき》誓願《せいがん》

信仰をさらに深めたい方へ

仏弟子としてさらに信仰を深めたい方は、仏《ぶつ》・法《ぽう》・僧《そう》の三宝《さんぼう》への帰依を誓う「三帰誓願式」を受けることができます。三帰誓願者には、『仏説・正心法語』『祈願文《きがんもん》①』『祈願文②』『エル・カンターレへの祈り』が授与されます。

幸福の科学 サービスセンター
TEL 03-5793-1727
（受付時間／火～金:10～20時　土・日祝:10～18時（月曜を除く））

幸福の科学 公式サイト
happy-science.jp

幸福の科学グループ **出版 メディア 芸能文化**

幸福の科学出版

大川隆法総裁の仏法真理の書を中心に、ビジネス、自己啓発、小説など、さまざまなジャンルの書籍・雑誌を出版しています。また、大川総裁が作詞・作曲を手掛けた楽曲CDも発売しています。他にも、映画事業、文学・学術発展のための振興事業、テレビ・ラジオ番組の提供など、幸福の科学文化を広げる事業を行っています。

アー・ユー・ハッピー?
are-you-happy.com

ザ・リバティ
the-liberty.com

THE FACT

YouTubeにて随時好評配信中!

ザ・ファクト

マスコミが報道しない「事実」を世界に伝えるネット・オピニオン番組

公式サイト **thefact.jp**

全国36局 & ハワイで毎週放送中!

ラジオ番組 天使のモーニングコール

天使のモーニングコール

毎週様々なテーマで大川隆法総裁の心の教えをお届けしているラジオ番組

公式サイト **tenshi-call.com**

幸福の科学出版 TEL **03-5573-7700** 公式サイト **irhpress.co.jp**

NEW STAR PRODUCTION

ニュースター・プロダクション

公式サイト **newstarpro.co.jp**

「新時代の美」を創造する芸能プロダクションです。多くの方々に良き感化を与えられるような魅力あふれるタレントを世に送り出すべく、日々、活動しています。

ARI Production

ARI《アリ》 Production《プロダクション》

公式サイト **aripro.co.jp**

タレント一人ひとりの個性や魅力を引き出し、「新時代を創造するエンターテインメント」をコンセプトに、世の中に精神的価値のある作品を提供していく芸能プロダクションです。